JN438112

가을에 있어 줄 사람

가을에 있어 줄 사람

서주열 시집

도서출판 청옥문학사

가을에 있어 줄 사람

지긋한 나이여도 마음 통하고
비슷한 또래 아니어도 옆에 있어서
가을 시 한 수 읊어 줄 여인 있음 좋겠다

발맞추어 걸으면 어울려 저서
마주보며 웃어주고 싶어짐에
온 종일 길을 걸어 밤을 새어도
옆에 있고 싶어지는 그런 여인을

가슴에 설렘을 주면서도 편안함을 내어주는
그런 여인이 행여나 내 옆에 있어준다면
세상을 멋지게 살고 있다고 말을 해줄 것 같다

봄밤에 꽃잎 날리는 공원을 걷고
가을 뒤란에 알밤 널지는 소리에
귀 기울이는 산간 오두막이라도
뜨신 방에서 그런 여인과 둘이서
포근한 정 소곤소곤 오고 가면 좋겠다.

시집 작품 중에서

시집 머리글

文山 서주열

자연과 인간이 함께 어울리는 현실

여기, 저자는 시와 수필의 두 장르에서 시인과 수필가로 등단한 사람이다. 이번에 간행하는 시집 『가을에 있어 줄 사람』은 그동안 갈고 닥은 춤추는 글을 시적 미학으로 용해하여 시 작품화 한 것이다.

시란 무엇이냐고 물으니 춤추는 글이라 했다. 그러나 춤추는 글도 소재에 따라 다양성이 있어서 사건시와 사물시 그리고 자연친화적인 서경을 노래한 서정시를 말하지 않을 수 없다.

저자는 인간관계를 무척이나 사랑한다. 그리고 대자연과 인간을 애지중지하는 사랑정신과 다정다감한 인간성으로 시 작품을 노래하여 한국적 서정의 극치를 추구하려고 한다.

혼자서는 그냥
외로워서 일까

범어사 계곡에서
비비고 뒤틀리어
엉켜진 등나무들을 본다

잔정이 넘쳐 이웃에게
몸 살그머니 내 밀어
배 맞추며 살자고
양팔 벌려 감아오는 꽃
밤이면 별빛아래서
가는 봄을 잡으려고
등꽃에 불을 밝히면

몸 감아 틀어서
오월을 묶어 들이는
물바람 소리.

「등나무」 전문

위의 시작품 「등나무」는 단형으로 이뤄진 시작품인데 등나무를 비유 화 하여 창작된 작품으로 어린아이들이 뒹굴고 부대끼며 살아가는 것처럼 그렇게 그려내고 있다, 또한 등나무 꽃을 등꽃으로 비유하여 가는 봄을 애잔하게 느끼게 하는 작품이다.

저자의 시작품은 대체적으로 시어화 하는 일상용어가 편하고 대자연을 서정화 하였으며 자기생활과 자기사상을 현실사회생활의 체험과 경험, 추억이 조화를 이루려는 시 세계를 노래하고 있다.

2012년 10월 「강변문학시낭송회장」

시인의 말

가을이면 바람이 분다. 부는 바람에 산야의 초목들은 좋아라고 단풍으로 불을 질러 댄다.

질러대는 그 불로 만 산을 훨훨 다 태우고 있다.

그럴 때는 저자의 가슴에서도 불이 함께 타오르고 있다.

그런데 타고 있는 가슴에서는 외 이리 헐렁할까?

그래서 가을이면 항상 옆에 있어 줄 사람이 필요하다.

꽃피는 봄밤에 공원을 걷고, 뒤란에 밤송이 터지는 가을밤에 뜨신 방에서 가을 詩 한수 읊어 줄 그런 사람이었으면 얼마나 좋을까? 그것은 저자의 눈에 보이고 있는 춤추는 글을 시로 옮겨놓은 '가을에 있어 줄 사람' 그것도 서로가 뜨신 정이 오고갈 수 있는 그런 여인이라면 더욱 좋겠다.

2012년 10월에

文山 **서 주 열**

●● 차례

제 1 부 자운영 꽃밭에서

제 2 부 사랑하면

제 3 부 아침산속

제 4 부 오솔길

제 5 부 봄에는

제 1 부

자운영 꽃밭에서

등나무꽃

혼자서는 외로워서 일까

범어사 계곡에
비비고 뒤틀리어
엉켜진 등나무들을 본다

잔정이 넘쳐 이웃에게
살그머니 몸 내밀어
배 맞추며 살자고
양팔 벌려 감아 오는 너

밤이면 별빛아래서
가는 봄을 붙잡으려고
등꽃에 불을 밝히면

몸 감아 틀어서
오월을 묶어 들이는
계곡의 물바람 소리.

사월의 벚꽃

사월은 꽃들이 천지에 널리고
문을 열면 모두가 춤을 추는데

산과 들 언덕에서 보란 듯이
지천으로 피어있는 벚꽃을 보면
나도 모르게 꽃 속으로 흘러들어 간다

비바람 새차게 불어오면
참았다 터트리고 기다렸다 피어나는
꽃들의 지혜가 설렘을 주는데

하늘에서 조각구름 채 썰어 뿌렸는지
밤에도 천지가 벚꽃으로 밝아져서
벌 나비 당장이라도 올 것 같은 봄밤

봄마다 웃음으로 피었다가
가는 날은 한잎한잎 눈송이로
바람에 봄을 날리며 가는 꽃.

왜 그러는데

나는 아니야
절대 그런 것은 아니야
내가 왜 그리해야 하는데
그건 네가 나를 찾지 않아서 잖아

너에게로 옮겨진 내 마음은
한 번도 돌아서지 못하고
너만을 사랑한다고 그렇게
항상 머물러 있는 것인데

진심으로 울어나는 사랑을
그렇다는 말도한번 못해보고
자꾸만 흐느적거리는 울먹임으로
시간이 타고 있어 그러는 것이야.

웃음꽃이 떠난다

동굴처럼 쾌쾌한데도
날마다 활짝 피어내서
사방을 밝게 비춰주는 꽃

여남은 평의 공간에 모여 있는 데도
날마다 두세 번 순검을 도는데도
자주 남편 옆에서 그렇게 활짝 웃는다

숨 가쁜 세월 속에서 날마다
가슴 터트리고 배를 갈라도
항상 거기에는 지워지지 않은 웃음꽃

아침에 환하게 피웠다가
저녁에 서글피 지는 나팔꽃보다도
저녁에 피었다 아침에 소리 없이 지는
박꽃보다 더 청조해 버린 꽃

항상 얼굴에서는 눈망울이 살랑거리고
가슴에서 언제나 굼실거리는 자태로 피더니
오늘은 미련 없이 떠나려는 그 꽃

남편 따라 고향으로 825*호실에다
마음껏 미소를 흘리면서 떠난다.

*부산대학병원 입원실

자운영 꽃밭에서

아지랑이 불러 초록으로 물들이고
들녘 풀 내음으로 아이들 소꿉놀이 하면
자운영 밭에서 들리는 작은 소리들

자운영 시계 만들어 들고서
상기된 얼굴로 지영이를 찾아
손목에 채워주려 달리던 날

너를 닮은 자운영들이
꽃 보라 일으키는 실바람에
너랑 나랑 뛰고 놀아
뒹굴고 엎어지던 날

출렁이는 자운영 꽃들이
뚝뚝 뚝 여린 목 떨어뜨릴 때
지영이와 영글어 가던
보랏빛 추억.

광안리 해수욕장

네온 불에 취해버린
광안리 해수욕장이
카바레가 되어버린 밤

이슬비에 젖어있는
바닷가 우산이 왜 그런지
파도 앞에 움직일 줄 모르고
밤을 새며 시간만 애탄다

광안대교 오색불이 양 볼을 후려쳐도
파도가 찾아와 귓전을 속삭여도
갯바위가 되어버린 우산 속의 두 얼굴

비 맞은 해수욕장은
네온 불에 타고 있어도
반짝이는 모래알들은
별이되어 바라보고 있다.

체리세이지

대연* 수목원에 해마다 피는 예쁜 꽃
작달막한 키에 자주색으로 단장을 하여
가는 길손 앙증맞게 붙잡는 체리세이지*

목단처럼 화려하지도 않고
제비꽃처럼 아기자기도 않아선지
보기에 마음 너무 편하게 핀다

밤하늘에 별무더기처럼 활짝 피어서
그냥은 갈 수 없어 한번쯤 만져주니
그윽한 체리 향으로 코를 벌렁거리게 하고
꽃잎을 입에 물면 향으로 입속을 적셔주는데

햇볕을 좋아해서 심장이 뜨셔 지고
바람을 좋아해서 마음이 맑아지게 하니
그래서 사람들이 너를 그처럼 좋아하는구나

너를 사랑하는 사람들에게 보답을 하려는 듯
강장 소독 진정 진통 혈당강하에다
신경계통 소화기계통 린스에 향수까지

너를 이제 알고 보니 참으로 보배구나
그래서 너는 귀인처럼 고고하였기에
체리세이지라는 이름을 그래서 얻었구나.

*부산시 남구 대연동
*여러해살이 풀꽃

그리움

봄이 해마다 찾아오듯이
그 임이 행여나 다시 온다고 하면
지난날에 장만해 두었던
그리운 그 정을 가슴에 안고서
우리가 어찌 울지 않으랴

서로가 한마음 한품인데도
우리는 지난날 그렇게 헤어져
비바람 찬 서리에 삭였던 풍상들로
벗겨진 지난날의 그 모습을
한겹한겹 뒤지며 찾아보려는데
이리도 그리 힘이 듭니까

추억이 천장까지 쌓여가고 있어도
마주하지 못한 그간의 공간들이
이렇게 허무한 세월인지 몰랐습니다

이제는 어이해야 합니까

심중에 감춰진 그간의 간절함을
이제는 당신 앞에 들추어내야 할 텐데
한번쯤 터트려 버리고 싶은 내 심장을
얼마나 더 기다려야 그날이 오려는지요.

그 시절

물결치는 초록으로
작열하던 태양이
어느덧 삼십년이다

펄펄한 신혼 초기
고요한 기쁨 속에서
구둣발 소리 저벅저벅
초인종 불러내던 내 젊은 시절

가치관으로 당하면
절대 안된다고 하던
선배의 고마운 조언에
그 사람과 낭비해버린 아까운 세월들

아쉬움에 돌아보는 지난날
당신의 피식 웃음에
나 또한 후회가 다시 또 웃는
우리는 반백의 동반자.

오월이면

시도 때도 없이 당신을 생각하면
목단꽃이 지고 장미꽃이 피어납니다

울컥거리는 가슴속에서
당신을 그려보고 싶어지는 마음을
가라앉칠 수가 없네요

먼 산을 보고 있으면 넋 나간 사람인줄 알고
지나가는 사람들이 보고 갑니다

그러다 정신이 되돌아오면
위대함을 발견한 것처럼
그리움으로 다가오는 당신 생각으로

기다리던 오월의 꽃잎들이
한잎한잎 바람에 날리고 있으니
봄은 자꾸만 멀어져 갑니다.

가로수길

뚝뚝 뚝 우수수
많은 이파리들이
노랗게 쏟아져 내리는
만덕의 은행나무 가로수길

널려진 낙엽이 가여워서
한 걸음 멈춰서다 다시 또
두 걸음을 옮기려 한다

굽어진 모퉁이에서
스카프 앞으로 날리며
걸어오는 다리 긴 근희

은행잎 보라 속에
둘이서 발을 맞추면
가을은 자꾸만 우리를
거두어 들인다.

봉숭아

천지가 푸르다고
장독대 틈새 비집고 나와
봄날을 즐기다가

하양
분홍
빨강으로 여름을 익히는 봉숭아꽃

가는 세월에 고개 돌리다 보면
희끗희끗 저승꽃 피어낸다

어느 해거름 녘에
주인아주머니 손에 이끌릴 때
모깃불이 생각나서

품속주머니 몰래몰래
열어놓고 끌려가며 돌아보는
늦여름의 봉숭아 일생.

부산 세계불꽃축제 가는 길

광안리에 사건이 터졌다

땅속의 도시철도에서도
땅위의 도로와 공간에서도
광안리로 모여들어 땅을 덮는다

노란 유니폼을 입은 골목의 경찰관들이
이삼십 명씩 때로 모여서
행사장으로 들어가려는 사람들을
동쪽은 MBC 방송국 앞으로
서쪽은 수영구청 방향으로
양 떼를 몰듯이 보내고 있다

이곳 백사장을 찾는 길이
이처럼 먼 줄을 몰랐었는데
추적추적 내리는 빗속에서
우산아래 세상 사람들을 다 불러 모아
광안리에 퍼부어 놓았다

서울 광주 대전에서 온 전국사람들과
지구촌에서 온 인류들이 모인 광안리는
가을 산처럼 노란단풍으로 수 놓여있고
물과 우산들이 반반으로 갈라선 백사장은
사람과 물결로 온밤을 일렁이고 있다.

구월은

푸른 은행잎은 지쳐가고 있어도
가을의 문턱인 구월의 중순은
우리를 즐겁게 하는 시절입니다

코스모스는 그리움으로 피어나고
들녘에서 불어오는 소슬바람은
낮인데도 하늘을 바라보게 합니다

손을 저으면 닿을 것 같은 곳에서
가까이 다가오면 터질 것 같은
맑은 가을편지들이 쉼 없이 날아오고

바람 따라 부풀어 오르는 뭉게구름이
머리카락 넘실거리게 하는 시원함으로
국화 향기 따라 가슴에 퍼 담습니다

저 뭉게구름이 정처 찾아 흐르듯
우리 인생도 한순간도 놓치지 않고
멈출 수 없이 가고만 있듯이

한가한 주말이나 휴일이 아니어도
언제나 보고픈 사람 생각에 젖어
맑은 그리움 피워내는 구월은
항상 그런 시절입니다..

옆자리

어쩌다 한쪽이 비어있을 때
그 자리 메워주는 당신이 없으면
자꾸만 옆구리가 시리어 온다

여름이면 어떠랴
가을이면 어떠하랴
눈보라치는 설한이면
시린 병이 다시 오는데

앞가슴 허전해지면 두 가슴 비비며
콧잔등에 송알송알 부채질 바람으로
그렇게 살아온 세월들

지나온 날들이 항상 그러했듯이
언제나 새벽에도 밤을 찾는데
눈감으면 아른거리는 추억들

항상 고마워요
옆자리 지켜주는 사람아
당신은 그래서 반려자

챙겨주는 고마움에
당신가슴 품고 있은 마음은
그것이 봄날 같은
옆구리 사랑입니다.

보름달

푸른
은행나무가지에

간지러운 실바람
불어올 때

미소 머금은
둥근달 뜨면

가슴으로
바라보며

두 손으로 비는
큰 복.

제 2 부

사랑하면

가을에 있어 줄 사람

지긋한 나이여도 마음 통하고
비슷한 또래 아니어도 옆에 있어서
가을 시 한 수 읊어 줄 여인 있음 좋겠다

발맞추어 걸으면 어울려 저서
마주보며 웃어주고 싶어짐에
온 종일 길을 걸어 밤을 새어도
옆에 있고 싶어지는 그런 여인을

가슴에 설렘을 주면서도 편안함을 내어주는
그런 여인이 행여나 내 옆에 있어준다면
세상을 멋지게 살고 있다고 말을 해줄 것 같다

봄밤에 꽃잎 날리는 공원을 걷고
가을 뒤란에 알밤 널지는 소리에
귀 기울이는 산간 오두막이라도
뜨신 방에서 그런 여인과 둘이서
포근한 정 소곤소곤 오고 가면 좋겠다.

야생화

산에서
들에서 지천으로 핀다

원추리
구절초
하늘나리
패랭이들이 그런다

갸름한 이파리에
귀여운 꽃망울로
사랑받는 야생화들

봄
여름
가을에 죽은 듯이 살듯이 피길래
쳐다보면 눈 작아지는
야생화.

영산강

황룡*이 극락*에서 하룻밤에
영산강을 잉태해 내니
휘몰이로 빙글빙글 돌아서
유달산을 찾아 떠난다

금성산 계절마다 얼굴 내밀어도
영산강은 시치미로 등허리 돌리며
치마끈 매어 잡고 돌고 돌지만
나주를 못 잊어 영산포에서 서성거릴 때

강섶에 모인 갈대들이 샛바람으로 비벼대면
푸른 잎 간 내음으로 강변길을 적신다

노을 진 유달산이 손짓해대면
오순도순 발맞추는 삼 백리에
남도를 보듬고 가는 나주의 영산강.

*영산강 두 상류

철새의 군무

환상적인 에어쇼가
온 하늘을 덮어버리는데
야행성 가창오리 때가 해질 무렵
강 하구에서 현란하면서도 멋진
군무를 펼치기 때문이다

가을이 끝난 들판에
고구려 백만 대군이
몰려오는 함성소리로
시간이 멈춰버리고
심장도 펌프질을 멎어버린다

쌩쌩 쌩 쉬이익 쉬이 익
휘두르는 나래 짓 소리에
악단의 연주 같은 감동보다 더
엄청난 회오리로 몰고 온다

점점 저물어가는 어둠속에
모든 것을 삼켜버리는 순간

하늘을 나는 흑룡이 되고
공항 활주로만한 검은 고래로
순식간에 손을 잡고 바뀌는데

혼자서는 작아 보이지만
거대한 형상으로 날아오르는
웅장함은 화려해 저서
어마어마한 강 하구의
장관을 펼쳐서 내보인다.

석불사

상학산 허리에 자리 잡은 석불사가
오늘도 산 아래 마을을 내려다본다

산허리 중턱에 걸터앉아
수십 년을 그렇게 살면서
지금까지 만덕을 살펴온 석불사

지난날 초가집 몇 채 있던 곳이
지금은 신시가지 형성되어
이름마저 신 만덕이 된 마을

그 곳의 중생들이 오늘도
석불사에 일배일배 삼일배로
공양을 남기고 가는데

이름값 하는 동네에서
명성을 날리는 사람들에게
오늘도 석불은 환한 미소 짓는다.

첫눈이

눈이 온다
눈이 내린다
세상을 덮어버린다

마당과 들판
내 마음에도
하얀 도화지가 된다

당신과의 마음
하얗게 덮어버린 기억을
다시 그리라 한다

그럴까요
그릴까요

이제 그 시절의 당신을
하얗게 다시 그려 볼까요.

민주의 목소리

벨이 자꾸만 울린다
벽에 걸린 시간을 본다
아침을 먹지 않은 걸보니
조금은 이른 시간이다

여보세요 라는 낮 익은 확인에
할아버지! 라고 들려오는 맑은 목소리가
귓속으로 즐겁게 빨려 들어간다

2009년 9월 7살의 나이에 엄마아빠 따라서
아이오와로 떠나간 아이가 지금은
우리나이 아홉 살 3학년이 되었다

여태까지는 지네한테 전화를 걸었는데
오늘은 어인일로 지가먼저 나에게
전화를 걸었는지 곰곰이 생각해보니
5년 5개월 만에 걸어주는 전화다

할아버지 이번에요 3.4학년 반장을 뽑는데요
그런데 어쩌면 제가 반장이 될 것 같아요
20일에 선생님께서 발표를 해 주신다고 했어요

2년 전 미국에 보내놓고 날마다 틈을 내어
보고 싶던 민주가 오늘은 왜 더 보고 싶은지
옆에 있으면 볼이라도 팍 비틀어 주고 싶다.

2011년 9월 19일

원동에는

경남에는 낙동강이 있고
양산에는 원동이 있어서
그 곳은 한양가는 길이 있다

지난날 오가던 그 길은
한양을 왕래하며 금의환양 오가던
영남의 대로인 황산* 잔도* 길

세월이 흘러 증기차가 칙칙 거리다
디젤기관차로 바뀌더니 이제는
KTX까지 멋대로 날라 다닌다

지난 날 그 명성 어디로 보내고
간이역 정취 물씬한 원동역이
지금은 역무원까지 보내버린
한산한 시골 역이 되었다

낙동강 끼고 있어 경치가 좋아
경부선 역사 중 풍광이 제일이라서

남녀의 애정을 촬영 한 거리가
지금은 젊음의 데이트장소가 됐다

이별과 상봉도 상황에 따라 달라지는 법
산과 강 철도와 도로가 함께 어울려있어
내가 예술과 애한의 주인이 되어있는 원동.

*물금의 옛 이름
*절벽을 잘라 만든 길

봄나물

겨울동안 언 땅을 밀고 올라온
봄나물을 캐다 삼매경에 빠졌다

춘곤증에 좋다는 냉이와
간에 제일이라는 돈 나물도
보약을 흠뻑 이고 올라왔다

쑥과 냉이로 국을 끓이고
씀바귀와 들 미나리는 양념에 무치니
환갑이 내일인데도 미끈한 오십대다

요리방식에 따라 각기 다른 봄나물들
쑥과 냉이는 향긋함을 알고 있어
온통 지네들끼리 입맛을 돋우고 있다

곰취 원추리를 고추장에 비벼대면
봄내음이 입속으로 슬슬 들어가
춘삼월의 오장복통이 가을 곡간이다.

눈물

흐르는 눈물도
진주라는데

마음이 메마르면
눈물 꽃 지네

세상을
우는 이들
가슴은 뜨거워

꽃이지는 눈물 따라
울고 싶은
눈물.

사랑은 어느 쪽

인체는 오묘한 소 우주여서
오른쪽 정보는 좌 뇌가
왼쪽 정보는 우뇌가 지배한다

그렇게 다시 생각하면
정서는 왼쪽이 관리하고
논리는 오른쪽이 담당하는 것인데

감정조절이 궁금해지는 것은
항상 왼쪽 귀는 언제나
우뇌의 담당이란 말인가

사랑하는 사람 옆에서 자는 잠이
왼쪽가슴이라면 아마도
어느 뇌가 다스리는 걸까

오른쪽 귀로 사각거리는
그 사람 심장소리를 듣고
왼쪽귀로 은은한 정 빨아들이면

편안한밤 잠자리에서
행복에 도취되는 것인데
그래서 사랑은 왼쪽이련가.

고막원역

가을비 내리는 고막원역*
시골 역 대합실 안에서는
끼리끼리 모여 있는 사람들이 붐빈다

영산포 시장에 홍어 사러간 엄마
아침 일찍 광주로 돈 벌러 간 아버지
서울로 시집간 누나도 기다린다

덜컹거리는 객차소리가 코스모스 흔들며
칙칙폭폭 칙칙폭폭 눈앞에서 점점 더 내개로
가까이 다가올수록 보고 싶어지는 사람들

울렁이는 가슴에서는 요동을 처대어
오고가던 철길로 이어지는 설렘은
그날들의 그리움들이 한꺼번에 쏟아진다

지난날 날마다 서울 대전 이리행들이
여수 광주 목포행들이 하루도 거르지 않고
영산폭폭 칙칙폭폭 장성갈재* 어찌갈까 라며
고막원역으로 몰려들던 그날의 열차들.

*호남선 나주시에 있던 역
*노령정맥에 있는 고개

사랑하면

베란다에 핀 부켄베리아
일찍 일어나 꽃잎만질 땐
수줍어 몸을 부스스 떤다

일주일에 물 한번 주고
아침에 일어나 어루만지면
잎사귀 보다 꽃 먼저 피워
속마음을 내보이는데
이제야 참모습을 알았다

이럴 땐 당신과 함께
이 아름다움을 보고 있다면
지금 우리는 어떻게 해야 할까요

언제나 늘 기다렸기에
풍광이 저렇게 널려있어서
당신과 함께이고 싶음은
그것은 다 사랑 때문입니다.

삼일절 독도

펄럭이는 태극기가
바람도 붙잡아
봄 햇살도 졸지 않는
삼일절 묵념

무거운 어깨 내릴 수 없이
동쪽소리에 스치는 촉수는
대한독립 만세
대한민국 만세다

광화문에서
독립기념관에서
외치는 함성처럼

동해바다 심장에서
독도와 손잡고 흔들어대는
저
태극기.

곶 감

찬이슬 내린다는 파란 가을날
옹기종기 식구들이 멍석에 둘러앉아
예쁜 또가리* 감을 깎고 있다

발그레 한 모습이 하도 예뻐서
속살까지 들여다보고 싶어지는데
신사紳士의 체면이 말도 안되는 줄 알지만
저고리를 벗기고 나니 울렁거리는 가슴

이왕에 옷고름을 풀어 놨으니
다음 차례는 당연히 붉은 치마
이걸 벗기려니 환장 할 일 생겼다

미안하다 잘못했다 죽을죄를 지었다 해보건만
몸매가 하도 예뻐 그리 되고 말았었는데
벗은 여인의 배불뚝이*를 보고 정신을 잃었다

왜 그랬는데 말을 했으면 그러진 않았을 텐데 라지만
뱃속을 들여다보니 임신 7개월은 되었을 것 같은데
다섯 쌍둥이를 밴 이 여인을 어찌해야 할런지

사내의 장난질에 임산부의 치부를 들춰내어서
미안하다는 고백은 받았지만 홀몸이 아니라서
하얀 솜 그물망을 온 전신에 둘러쓰고서
다섯 쌍둥이를 품고 있는 여인 같은 곶감이여.

*물동이 밑에 까는 둥근 자리
*임신한 여인의 배

애잔함

우시장에서 아버지를 따라
엉금엉금 앞서왔던 젊은 소
연붉은 잠바가 예뻤다

산천은 낯 설고 사방은 알 수 없어
두고 온 엄마가 자꾸만 그리워져서
젊은 소의 늘어지는 한숨소리

그런 소에게 아버지는 밭 구경 시켜준다고
초봄부터 부산을 떠시는데도 지네 엄마가
밭갈이 할 때 다 보아서 알고 있었다

삼천 평이 넘는 논을 갈아 엎고
천 평이 넘는 밭을 구경시켜줄 때
소야 너의 육신은 어찌 했더냐

산천은 그대로 인데 세월이 멈출 줄 몰라
다리가 힘이 부치던 그날부터 너는
동네사람들의 호위에 몸을 눕는구나

검붉은 잠바부터 벗어던지고
동강내준 다리를 메고 가는 사람들을 보면서
팔짱을 끼고 저녁노을을 바라보시는
아버지는 너의 애잔함을 본다.

제 3 부

아침산속

부치지 못한 편지

추적추적 내리는 가을비를 보면은
자꾸만 당신이 보고 싶어지는데
이럴 땐 이 사람은 어찌해야 합니까

아침에 솟아오르는 해를 보아도
저녁에 뜨는 별을 보고 있어도
당신에게로 달려가는 이 마음은
부치지도 못할 편지만 씁니다

새들이 노래하는 숲속을 걸어도
갈매기가 나는 백사장을 걸어도
내 앞에 나타나는 당신을 보고서
소중한 사랑을 이제야 알았습니다

이 세상 그 어디엔가 당신이 있다기에
무한한 사랑을 할 수 있어 좋아 하면서도
행여 오래된 당신의 얼굴 잊어버릴까봐
그것이 자꾸만 안타까울 뿐입니다.

벚꽃 산행

벚꽃들이 왕창 산행을 나섰다

지난주는 온천장* 가로변에
줄지어 서있더니 지금은
백양산으로 떼지어 오르고 있다

나불대는 저 녀석은
산등성이 타고가다 뒤돌아 손짓을 하고

엉큼한 녀석들은
누가 볼까봐 살금살금
골짜기로 숨어서 간다

벚꽃들이 오늘도 백양산에서
떼지어 뭉게구름 잡으러 간다.

*부산시 동래구 온천동에 있는 온천.

말고기

말고기 식당으로 들어서면
손님들로 날마다 부산하다

비게는 어디로 날아가고
순 살코기가 하도 연해서
불포화 지방산만 흠뻑 들어앉아
육식가들이 살판났다

즐겨먹는 사쿠라 육회는
벚꽃처럼 불그레해서
한 점 한 점 쟁반위에
피어오르는 엉덩이 근육질은
혓바닥 위에서 사르르 녹아내린다

줄무늬의 안심부위 마블링을
살랑 굽어 한쪽 볼로 씹으면
뱃속에서 얼른 채가고 마는
감칠맛 넘치는 제주도의 말고기.

아침 산속

해는 솟아 둥둥 떠서
내게로 다가오는데
산속이 조용한 아침나절

사열하듯 모두가
차렷한 자세로
나무들이 나를 반긴다

지난밤
장맛비와 짝이 맞아
온밤을 비벼대며 춤을 추더니

지금은 정신을 차렸는지
선채로 나를 맞는
한적한 산속.

유채꽃 사랑

바닷가에 유채꽃 피면
노란가슴 찾으려고
파도들이 몰려온다

넘어지고 부딪치며
앙가슴에 떠밀려서
조약돌을 울리는데

봄바람이 가자고 해도
언약 때문에 나서지 못하는
안타까운 나날들

저 수평선 넘어서
유채꽃 보겠다고 몰려오는 파도는

하얀 가슴 검게 야위어가도
그칠 줄 모르는 유채꽃 사랑.

속옷 단추

단추들이 재래시장에서
오손 도손 모임을 가졌다

주먹단추가 긴 목을 들고서
양반자랑 날마다 하고 있고
꼬마단추가 졸랑졸랑 찾아와
서로가 자기 자랑을 해댄다

세상에는 어떤 단추가
제일 좋은 팔자일까

위풍을 좋아하는 녀석들은
롱 코트에 붙어 다니고
엉큼한 녀석들은 항상 거시기
깊은 속옷에 눌러앉아서 산다

속옷단추는 숨 막히는 곳에서
하루를 어떻게 지내고 있을까

코트단추 물음에 정색을 하면서
몸 뜨시고 물큰한 향 때문에
어두워도 그곳에 그냥 산다.

겨울비

어쩌다
무심코
쳐다본 창밖

겨울인데
보슬비가
철없이 내린다

늦가을
국화꽃 단풍잎
바람 따라 보냈는데

어인인정 남아서
엄동 이 설한에
보슬비를 보내나.

벚꽃 길

남천동 찾아서
벚꽃 오시는 길

줄지은 가지마다
늘어뜨리며 온다

양팔 벌린 채로
조각구름 채 썰어 뿌리면서
봄 축제 열려고 오는데

널려진 골목에는
천지가 꽃 보라다.

통영에서는

물 비단으로 둘러싸인 통영은
들리는 곳마다 사시사철을
바다가 항상 먼저 점지한다

도다리 살 올라 쑥국 끓여대면
봄이 사방으로 퍼져 나가고
메뉴판에 장어탕 이름 오르면 그날부터
백사장을 찾아가는 여름이다

비진도 낚시꾼에 감생이가
얼굴로 인사하면 풍성한 가을이요
중앙시장 어물전에 흐느적거리는
물메기 모여들면 그 단시 겨울이다

통영은 동절기에도 따뜻해서
서울 사람들까지 떼로 몰려와
유람선이 주말이면 진땀 흘리는데

바다와 섬 하늘이 어우러진 풍광은
욕지도 사량도 비진도 매물도에서
오동도까지 구부러진 섬 길이 넉넉하다

풍광을 담으려고 망산에 오르니
보이는 곳마다 섬과 바다가 어우러져
지난날 조선수군 통제영 있던 곳이네.

오룡골五龍谷

산이 산하고 붙들려서 골을 이루니
봉우리와 봉우리에 간대*를 걸치면
빨래도 널 수 있는 그런 산골

오룡골* 가는 길이 구부정해서 지렁이 같고
강원도 삼척보다도 더 깊은 산 안 이라서
하늘만이 좁은 골목을 내려다보고 있다

사람들은 한 집 한 집이 십리는 되어서
고추모종 심어 놓은 것처럼 너무 성그니
삼촌이 없으니 사촌도 그래서 없다

산 넘어 통도사가 있다는 소리 간간이 들리고
거기에서 오룡이 넘어와 자리 잡은 곳인데
소나무와 가시덤불에 참나무 섞여있어 좋은 곳

속세를 떠나온 마음들이 모이는 곳이라서
훈훈한 인심이 기다림으로 한 아름인데
지는 해도 그걸 알고 살며시 산을 넘는다.

*대나무
*양산시 상북면에 있는 마을

웃음꽃

설레이다
낙화하는
아름다운 꽃

어여쁘고 사랑스럽게
활짝 핀 얼굴에

영원히 시들지 않는
아름다움은

우리를
즐거움에 살게 하는
아이들의
웃음꽃.

실내온도

여름엔 에어컨이
겨울에는 보일러가
집 실내온도 당번이다

덥지도 춥지도 않는
봄가을이 최상이지만
집집마다 성향은 다르다

잘난 석유가
천정을 모르고 치솟는 바람에
겨울은 20도
여름은 26도라고
ＴＶ가 교육을 시킨다

우리 집 실내온도는
여름은 내가 지키고
겨울철 36.5도로
자기야가 지킨다.

일기예보

앞가슴이 더부룩해서 병원을 찾는다

저기압 때문에 의사선생님의
손놀림이 덩달아 후들거리고
간호사도 눈 꼬리 처진 날

위염 초기라 하면서
한 달 약 먹으라는 의사선생님도
사실은 저기압이 찾아왔다

후 유 놓이는 마음에 자기야 쳐다보며
집에 오니 저녁 7시 TV뉴스다

오늘밤은 동남풍이 불고 비가 올 것이며
강수량은 5mm미만 내일은 쾌청한 날씨

오늘밤 우리 집 일기예보.

할매 집

대저* 할매 집 항상 바쁘다

포도나무 숲으로
고랑 물 흘리는 집

오뉴월 삼복더위에도
배고프면 생각나 찾아오는 곳

녹두 나물에 가지무침
오이장아찌 담아놓고서

하얀 밥 양푼에 퍼 담아
잡채 고추장에 비벼서
한술한술 떠먹는
맛 좋은 대저 할매 집.

*부산시 강서구 대저동

화로 불

아궁이의 벌건 불덩이가 타올라
화로에 담아 방안에 들여놓으면
눈 내리는 하얀 세상인데도
방안은 훅신훅신하다

식구들이 이글거리는 화로에 모여앉아
손바닥을 올려놓고 엎고 뒤집고 서로가
손금을 보느라 정신이 없다

한참을 그러다 보면 어느새 밖은 하얗고
아버지께서는 담뱃대를 문지르시고
철이는 알밤을 굽느라 여념이 없다

그 통에도 어머니는 인두를 꼽아놓고
동전을 다리려고 철이와 자리다툼 한창일 때
통째로 굽은 알밤이 펑 온방을 뒤흔든다

야단법석 중에도 어머니는 다시
화로 불을 살리려고 인두를 들고서
불씨를 모으시며 안달을 하시던 지난 날
그 어머니 보고 싶어 화로를 다시 찾는다.

팬지 심는 날

동사무소 앞마당에
팬지 심는다

꽃삽 쥔 여인의
철렁거린 가슴이
엄청 바쁘다

태 모자 쓴 여인도
입술로 한몫을 한다

노랑 보라 하양
옹기종기 모인 팬지들

아지랑이에 젖은
앙증맞은 미소들이다.

제 4 부

오솔길

늦사랑

가까이 다가오는 사람이 있어
가슴이 설레어 지는 것인데
어쩐지 자꾸만 주위를 살펴진다

지난날 열정이 가슴을 들끓었어도
인내라고 하면서 참아왔던 것인데
지금 내가 왜 이러는지 알 수가 없다

볼수록 마음이 깊어가는 사람이지만
아니라고 고개 돌려 보아도 소용없이
머리에 뒷눈이 있었는지 더욱 설렌다

이제 어찌하랴 헝클어진 이 마음을
아니라고 할 수 없어 가슴만 녹이는데
아무래도 이런 것이 늦사랑인가 보다.

서운암 들꽃

들꽃 축제가 열렸다
꽃과 꽃 마음에 담아
넓은 벌에 흐드러졌다

금낭화
까치꽃
제비꽃
야생화들이 웃고 있다

가야금 소리에 발길 가볍고
꽃 잔치는 한마당인데

통도사 서운암은
꽃이 사람이고
사람이 꽃이다.

멋진 남자

매운 음식 먹고 나면
케이크 생각나듯이
흐린 날엔 찌부둥 해서
톡 쏘는 일거리 찾아본다

원숙해지려는 것은
남성의 욕심이 넘쳐서 보다도
불가능을 지워버리자는 생각인데

그래서 잘났으면서도
가질 수 있는 것 다 가지고
정감으로 사근사근 하는 남자는

건강한 맛을 울어내서
자기 향을 피워내는 것은
멋을 아는 요즘 남자.

꽁보리밥

골목에 자리 잡은 허름한 식당
맛이 좋아 사람들이 성시를 이루는데
보리밥은 항상 고슬고슬 하고
된장찌개와 열무김치가 일품이다

채소로 된 반찬과 상큼한 고추장으로
쓱쓱 비벼먹는 꽁보리밥이 지난날
부모님과 먹던 생각이 저절로 난다

그 시절 보릿고개는 너나없이 허기져
아이들은 누렇게 얼굴이 뜨고
다리는 힘이 하나도 없을 때
익지도 않은 보리 모가지를 뽑아다가
모닥불에 구워 먹던 지난시절

불에 익은 풋보리를 손바닥으로 비빈 뒤
후후 불어 말랑말랑하고 고소한
풋 알갱이를 입에 넣어 알콩달콩 씹으면

입가에 검댕이가 저절로 묻어서
지나내나 서로 처다 보며 웃었다

어머니가 햇보리 쌀로
갓 지은 꽁보리밥은 항상
꿀맛처럼 달아서 씹지 않아도
목구멍으로 미끈 둥 넘어가던
지난날 보릿고개 시절이 생각나 먹어보는
그때 그 꽁보리밥.

삼팔선을 휴전선으로

이른 봄부터 물들여 놓은 산천과 광야가
삼천리를 온통 푸른 물결로 넘실거렸다
유월이 오면 항상 그랬듯이 그날도 산도들도 푸르렀다
그런데 지축을 흔드는 포성으로 불벼락이 일어난 날
한반도 중허리에 자로 그어진 삼팔선에서 인민군들이
저지른 불벼락이 그 경계선을 넘어 내려올 때
푸르던 삼천리금수강산은 온통 아수라장이 되었고
붉은 천지는 두루마리처럼 펴면서 밀고 내려왔다
국군은 삼 일만에 서울을 벼려두고 돌아서서 후퇴할 때
한강 다리는 두 동강이 나서 날마다 밤마다 구십일을 울었다
딘 소장이 달려오고 벤프리트 장군이 쫓아오고
맥아더 사령관이 찾아와도 소용없이 대전에서 잠시 쉬더니
이윽고 추풍령을 넘어와 저 장강인 낙동강을 넘는다
포항 안강 영천 낙동강 마산으로 이어지는 최후 방어선
대한민국은 풍전등화가 되었으니 이를 어찌하랴
이제는 더 이상 물러설 곳이 없으니 방편을 찾자
그래서 맥아더는 인천에다 마중 불을 놓았다
그 불은 적중해서 한강을 건너서 서울을 되찾고
삼팔선을 넘어 대동강을 건너서 적의심장 평양을 손에 쥐고

청천강을 건너 압록강 초산까지 올라갔었다
그런데 이건 또 뭐냐 꿀꿀이 소리를 내면서 곳곳에서
달려드는 각설이 같은 무지한
중공군이 거지 때처럼 나타날 줄을
적의 심장을 다시 내어주고 임진강을 건너니
탄력이 붙은 후퇴는
한강을 건너 평택까지 내려가다가
정신을 차려서 삼팔선 근처에서
이제는 너 죽고 나죽자는 사생결단을 하게 되는
삼년이 넘는 세월
삼천리는 피바다가 되었고 가족은 해체되고도 모자라서
북쪽으로 북쪽으로 끌려간 그 사람들 지금도 잘 있는지
아! 삼천리의 공산당이여 삼팔선을 휴전선으로 바꾸는 일이
그렇게도 소중했더냐
휴전선아 너의 나이가 어지간하지 않느냐
이제는 네가 사라져야할 때가 왔다 휴전선을 만든 사람들은
하나 둘 차근차근 다 가는데 너만은 사라질 줄을 모르는구나.

오솔길

돌아돌아 가는
동서대 오솔길을
온종일 걷고 싶다

잡힌 손 붙들려서
보고 가는 숲속은
발걸음이 정겹다

올 때 마다
걸음걸음 쌓이는 정
적막 속을 가득 메우니

그대위해 찾는 이길
뛰던 가슴 그대로다.

겨울은

늦가을에 단풍잎을 태워버려서
주인 없는 그 곳에 자리 잡은 초겨울
쌀쌀한 바람까지 데리고 왔는데

보는 이도 추워서 가슴 움츠리며
가는 이도 발걸음이 보이지 않은 것처럼
잰 걸음을 자꾸만 재촉하는 계절이다

찬 하늘엔 이따금씩 기러기들 글자를 지우고
참새들이 식구들과 폴짤폴짝 들렀다 가는 겨울

아름다움이 사라져버린 시절에
풍요로움을 거두어 가버린 계절에
쌀쌀한 바람으로 하늘이 파란 겨울에

소리 없는 시간은 쉬지 않고 흘러서
밤하늘에 떴다 지는 찬 별들이 있어도
겨울은 새봄을 기다리는 휴식의 계절.

달팽이

새벽에 달팽이가 집을 나섰다
찬바람 부는 모퉁이 오솔길에
실오라기 하나라도 귀찮다

가는 길이 힘이 부쳐
온몸이 땀에 젖어
미적 거린다

참았으면 될 텐데
인간들은 그렇게
지네들 끼리 말을 한다

당신들도 내처지 되어보라
처자식 놔두고 첫새벽에
알몸으로 집나온 심정을

집 없다고 집달팽이에게
천번만번 구박받은 설음에
애간장 다 태운 맨몸

그래도 손잡을 줄 알았는데
이 심정 누가 알까
집나온 달팽이 그래서 운다.

그 친구

내게 힘든 건 항상
몸보다 마음이어서
오로지 너를 생각함은
오늘도 힘을 얻는다

필을 드는 시간에도
너 있을 곳에 주파수를 던지는 더듬이는
물오른 죽순처럼 뒷 굽을 든다

배려를 챙기지 못한다던 내가
너에게는 순간도 놓치지 않는
해바라기가 되는데

언제나 눈시울이 너를 부르면
달려오는 고마움에
오늘도 그리는 너.

설 마중

해마다 설이
동구 밖에서 온다

방바닥 먼지 털어내고 나서 분담을 하여
앞마루와 부엌은 아내 담당이 되고
마당과 대문 앞은 내 책임이 되었다.

광주의 재수씨와 동생은
지금쯤 정거장에 내렸는지
재철이 재윤이 장갑 사가지고 오는지

온가족이 오손 도손
어릴 적 부모님 하시던 대로
설빔을 그냥 따라하다가
올해도 나이를 한 살 챙긴다.

청와대

한민족 공동체 지도자
잘 자란 11기생들
고고한 인왕산 자락아래
푸른 기와집 찾는다

대통령실
춘추관
충무실
세종실
인왕실
그리고 영빈관

육중하고 단아한
대한민국 정통심장부
온 인류 권력의 핵이
전 세계로 뻗어나가는
영원한 원천지에서

한민족 공동체 N.G.O.
11기의 잘 자란 지도자들
한 걸음 한 걸음 당차게 걸을 때
함께 걷고 있는 내 모습을 보는
오 젊은 청와대여.

산 벚꽃

사월이면 피어나는 벚꽃은
맨몸으로 사방을 돌아
휘둘러보고는 자기 멋에 도취해서
스스로 몸을 날리며 가다가

그제야 비로소 맨몸을 알아차리고
부랴부랴 속치마 입어보려 하지만
짓궂은 봄바람이 놔두지를 않네요

그래도 조금 더 여유로움을 갖고
서두름 없이 피어나는 산 벚꽃은
연둣빛치마를 챙겨 입고 사뿐사뿐
봄바람에 발걸음을 걸리고 있습니다

하얀 꽃잎에 연둣빛치마가
어이 저리 온몸에서 아장거릴까요
바라보니 청순함이 넘치는데요
돌아서는 발걸음이 가뿐합니다

지나버린 그날 봄처녀로 오실 때
흰 양단저고리아래 연둣빛치마를
양손으로 거머쥐고 아장아장 걸어오던
당신의 그 모습이 산 벚꽃처럼
지금도 두 눈에서 아롱거립니다.

대연동 JY

한민족공동체 지도자 될 때
처음으로 학교에 나가던 날
JY이와 한 테이블에 앉았다

지근거리 한 동네에 있으면서도
감쪽같이 몰랐던 우리들의 사이
남북통일 지도자 되어 자주 만난다

그러다가 시간을 다시 내고서
임실피자집도 둘러보고
평화공원을 걷기도 한다

그러다 오각회* 동생들이
언니야로 모시면 가슴 뭉클해져서
와야 니네들 항상 고맙데이
그러면서 오빠야를 보고 있다.

*생일모임

병영에 핀 꽃

아지랑이 잔디밭에 속잎 솟아오르고
녹의를 걸친 병사들이 설치는 날

해병대 병영을 찾은 위문공연단은
겨울에 꽃 봉우리 만난 것처럼
날아와 별천지를 만들고 있다

철조망 밖이야 밥 먹듯 하지만 병영에서는
푸른 옷 병사들에겐 자주 볼 수 없는 희열

가수가 오고 코미디언도 오고
악극단도 와버린 푸른 봄 마당에
생후에 이런 일 있었더냐 한다

선녀의 가수얼굴에 눈빛이 쏟아 나오고
옷은 잠자리 날개처럼 속살을 내보이는데
청춘의 봄 따라 두 눈들을 흔들어 대는
해병대 병영에서 위문공연의 그날.

보리밥

보리밥은 점심과 저녁에 먹고
아침에는 쌀 섞인 밥을 먹는데
어머니는 들일을 나가시기 전에
항상 점심보리밥부터 지으신다

보리쌀을 학독*에 박박 씻어서
보리쌀을 살짝 삶은 뒤 찬물에 헹구어
쌀밥보다 물은 적게 넣고 밥이 익으면
솥뚜껑을 열고 그 위에 봄 콩을 뿌린다

무쇠 솥이 콧김으로 킁킁 거리면
누렁이가 부엌을 슬슬 맴돌다 나가고
보리밥은 대나무 소쿠리에 담겨져
부엌 대들보에 매달려 진다

소쿠리 뚜껑위에는 삼베보자기를 덮어서
구수한 보리밥 냄새로 코가 벌름벌름 하고
소쿠리 곁엔 보리밥물이 간간이 흘러서
파리들이 빙빙빙 벌 떼 소리를 낸다

보리밥은 고슬고슬하여 입속에서 공처럼 놀고
말랑말랑 채이며 혀끝에서 탱글탱글 걸려서
이 사이에 숨으면 혀가 온힘을 뺀다.

저녁은 마당 평상에서 모기를 따돌리며 먹는데
어른들은 텃밭에서 오이와 고추를 뚝뚝 따다가
손으로 쓱쓱 문질러 보리밥을 찬물에 말아 드시고
풋고추를 된장에 쿡 찍어 잡수시는데 이것은
여름농사철 시골 저녁밥상의 풍경.

*보리쌀을 헹구는 그릇

만덕사

이 땅의 선조들이
고려에서부터 불러준
만덕이란 이름표

그 때부터 만덕사 지어놓고
삼남*사람 불러 모아 함께
불공들이자 하였다

사기*에 자리 잡은 이 사찰은
천 년 전에 석기왕자 다녀갔고
헬 수 없이 쌓아놓은 국보 많아
신도가 만 명을 헤아린다

지금은 고속도로 트여서
차들이 몰려오지만
길 건너 당간지주를 보면
부산의 대 사찰로
용트림 하는 곳

낙동강변의 중생들이
억만년을 불러주고도
더 불러주려고 하는
덕 많은 만덕사.

*삼남 : 충청도 전라도, 경상도
*사기 : 절 앞에 있는 마을

제 5 부

봄에는

어쩌나요

밤이면 왜 그렇게
지난날들이 울컥울컥
솟아납니까

별을 헤아리다
지난밤을 꼬박
새웠습니다

나만이 애태우고 있는데요
그럼 잘못인가요

이럴 땐 눈물만 흘립니다

돌이켜 보면은
이리 된 건 모두가 다
당신 때문인걸요.

철쭉 꽃불이다

봄바람 타고 온 계절의 여왕
그래서 오월은 산허리마다 여기저기
연분홍으로 철쭉이 장관을 이루게 되면

지리산 바래봉에도 피기 시작하는데
온통 봉우리까지 활활 타오르고 있다

철쭉으로 뒤덮은 산이 바람이 나서
너울로 덮쳐 정상으로 오르면 가슴까지
타들어가는 꽃불의 난리를 맞는다

등산로 양편으로 갈라선 꽃불들이
시합이나 하는 것처럼 바람을 잡고
휘감아 내리는 자태가 장관인데

사월 말부터 철쭉이 피기시작하면
오월 중순을 지나 말일까지의 풍광은
분홍색 물감으로 범벅을 해버린 꽃 가슴.

알려진 유채꽃

대중 앞에
벗어 던져버렸다

한 번도 보여준 적 없는
신인당선작에 실린
유채꽃 사랑

정주고 싶은 그 여인에게
다가설 수 없는 안타까움을
세상에 들켜버린
내 속마음

하얗게 달려오는
파도만이 아는
바닷가 유채꽃 사랑.

가랑잎

미끈한 가지에
대롱대롱 걸터앉아
피리 부는 가랑잎

못 다한 사연 그리 많이 쌓여서
오늘도 애를 태우며
지난시절 그리고 있다

찬비가 밀쳐내어도
밤바람이 가자고 밀고 가려도
따르지 못하는 애절한 마음

그 때문에 산비둘기만
지가 알고 있는 듯 구굴구굴
못다 한 애를 태운다.

비오는 고갯길

울창한 숲속을 뚫고
만덕을 넘어가는 고갯길은
돌아 돌아서 동래로 간다

운무에 젖은 길은
온 종일 비가 내리고
마음까지 젖어있다

차창에 튕기는 빗방울이
싱그러운 반주되어
두둥실 함께 떠나는데

꽃들이 길에서 웃어대고
새들도 즐기는지 재잘거린다

온 종일 비바람에 젖어있어도
당당하게 나무들이 서있는
만덕을 넘는 고갯길.

은행나무와 새들

임실 피자집 앞
금실 좋은 두 은행나무
송알송알 은행 알 열리고
조롱조롱 매달린
새들의 침실

사방을 헤매다가
어둠 따라 찾아오면
두리두리 짝지와 모여 앉는다

온종일 기다리던
그리움을 푸는 시간에
잠자리가 부끄러운 듯
은행잎으로 병풍을 두른다

은행 알들이
눈 동그랗게 뜨고
하나 둘
하나 둘 셋

식구들 끼리 잠자는 새들이 부러워
밤을 그렇게 새우며 갸들을
헤아린다.

자기야

사랑한다 자기야
함께 사는 사이인데
어쩐지 쌩통맞다

여태까지 살아온 삼십년
그것이 차곡차곡 쌓여져서
시루떡 같은 사랑이지만

눈썹 밑의 늘어진 실주름은
새록새록 영글어감을 보니
찰싹 가슴에 담긴다

당신과 만남은 천운이고
살아감은 행복이기에
그래서 다시 또 부르는
우리 집 자기야.

첫눈

오늘은 새벽부터
첫눈이 내리는데
세상을 덮어버리려고
작심하고 퍼붓는다

어쩌면 당신에게도
그리고 내 마음에게도
이제는 하얀 세상에다
우리들을 가두워 버린다

힘들던 지난날의 기억을
하얗게 덮고 나니
지금은 날보고 그날들을
다시 그리자고 한다

몰라요 모르겠어요
그때가 언제였는데
이제 나는 하얀
당신을 모르겠어요.

도토리

심심하니 키나 재 볼래
몽실몽실 도토리들이
함께 입을 연다

길죽이가 기가 막혀서
전봇댄 줄 모르고 까불고 있네
죽치고 가만히 있으면
중간이나 갈 것인데 란다

등산가서 배낭에 담아온 도토리들이
베란다에서 올망졸망
별별 장난질을 처댄다

깊은 산속에서 쭈그리고 있을 땐
다람쥐가 하도 무서워서
밤잠못자 뜬눈으로
밤을 새웠는데도

아저씨 등에 업혀
신 만덕으로 이사를 오니
날마다 베란다에서 다이어트 하면서
도토리들이 짬 내서 키 재고 있다.

버려진 염소

해상국립공원 도서 지역 곳곳에
방목된 염소가 넘실거린다

식성이 좋아 식물의 뿌리까지 캐먹어
생태계를 훼손한다고 야단이라는데
무인도로 이사 온지 엊그제 같은데
벌써 퇴치 비상작전을 한다나

언제는 섬 주민 소득올린다고
방목을 하더니 쉬지 않고 노력해서
개체수가 불어나니 야단들이다

애시 당초 무인도에 외롭게 살라 해놓고
이제와선 우리가 개척한 땅 못쓰게 되었다고
소도 아닌 염소를 그리 괄시를 한다

이젠 산아제한을 해서 목숨을 부지하자고
염소들이 바위위에서 떼지어 농성을 한다.

봄에는

꿈에도 못해보던 일이
사랑으로 변해버린 줄
이제야 알았지만은

절대로 그런 작정은 안했습니다

그 때문에 봄빛에 시달려서
생각도 하지 못한 사실 때문에
내 입술 민들레처럼
하얗게 야위어 갑니다

선 붉은 핏줄이
온 가슴속에서
봄빛에 타고 있는 것은 다
사랑하는 당신 때문입니다.

부채

부채는 항상 어디서나
손으로 흔들어 바람을 일으키면
목덜미를 타고 흐르던 땀줄기가
가슴팍을 더듬으며 사라져 내린다

한 여름 삼복의 중천에 뜬
열이 난 태양도 너로 가리고
손아랫사람에겐 항상
근엄한 지휘봉이 된다

풍류에 장단이 되어 나르고
춤과 어울려져 만들어지는
한 폭의 그림 같은 예술이다

그려지는 화폭에다가
남기는 명필은 다시 또
한 폭의 서화선이 되는데

초여름 밤에서부터
백로白露가 내리는 늦더위 까지
너의 그간의 정情 못 잊어
달 밝은 밤에도 찾고 싶다.

보리들

푸른 잎들이 소곤거리는 보리밭에서
밤낮으로 들려오는 정겨운 소리에
들녘의 잡초들도 함께 속살거리는데

서로를 부둥켜안은 모습이지만
죽죽 뻗은 보릿대들이 봄바람에
그래도 부드럽게 아양을 부린다

살랑거리던 바람 잠시 멈추어지면
고요의 자리에 서있던 여린 것들이
내일을 위해 다시 고개를 쳐드는데

엉켜도 뒤틀리지 않은 새순들이지만
푸른 고개를 다시 새우려고
칼칼한 목을 이슬로 다스리며
대나무처럼 쭉쭉 뻗어 오르는

푸르디푸른 오월의 보리밭.

무인도

가을바람 소슬한데
무인도에 서있는
외로운 비석

바닷가 풍상에
씻긴지 얼마던가

시절이 오가는데
잡초에 묻혀 있는
초라한 너

노을 속에
다람쥐가
바라보고 있다.

선물은

가정의 달 오월에는
그 동안 도움을 줬던 분들에게
감사하는 마음을 표현하는 것

무엇으로 그 고마움을 전해볼까
곰곰이 여러 번 생각을 해봐도
결코 쉬운 일은 아닌 것 같다

받는 분의 성향과 라이프스타일 등
먼저 고려하는 것이 순서지만
개성이 담긴 차별화된 물건을
반영하는 것이 필요한 것

선물이란 받아서가 아니라
줌으로서 오히려 더 즐거운 것
그러기 위해서는 이런 트랜드를
재치로 반영하는 것이 패션 브렌드

그러하지만 선물이란 언제나
정성스런 순수함이 담겨져야 하므로
사랑하는 여인에게 전해지는 마음처럼
포근한 정이 듬뿍 담겨야 하는 것.

시골

석양에
바람 일면

미루나무 늘어선
가을 시골길

비닐포대 이고 가는
아낙네

경운기 몰고 가는
노인

냇가에서 놀던
아이들

모두 다
집으로 간다.

시집해설

가을되면 돌아 오는 그리움

가을이면 돌아 오는 그리움

문산 서 주 열

시는 시를 쓰는 이들에게 심장이 멈추는 날까지 가지고 있어야 할 최후의 것이다. 시인이 시를 쓴다는 것은 항상 새로운 생각의 시작이다. 시를 쓰는 것은 매순간 자신의 지나온 삶을 뒤돌아 보고 반성할 수 있는 동기이며 젊은 날의 맑은 정신을 간직하려는 몸부림일 수 있다. 그래서 지나온 동안 삶의 편린들을 엮는 다는 것은 그 하나하나의 시작과 끝을 마무리하여 지금까지 와는 또 다른 세계로 접어들고 있음을 의미한다.

지긋한 나이여도 마음 통하고
비슷한 또래 아니어도 옆에 있어서
가을 시詩 한 수 읊어 줄 여인 있음 좋겠다

발맞추어 걸으면 어울려 저서
마주보며 웃어주고 싶어짐에
온 종일 길을 걸어 밤을 새어도
옆에 있고 싶어지는 그런 여인을

가슴에 설렘을 주면서도 편안함을 내어주는
그런 여인이 행여나 내 옆에 있어준다면
세상을 멋지게 살고 있다고 말을 해줄 것 같다

봄밤에 꽃잎 날리는 공원을 걷고
가을 뒤란에 알밤 널지는 소리에
귀 기울이는 산간 오두막이라도
뜨신 방에서 그런 여인과 둘이서
포근한 정 소곤소곤 오고 가면 좋겠다.

「가을에 있어 줄 사람」 전문

중년을 지나면 자꾸만 사색에 잠기며 지난날을 되돌아보게 되는 것은 맨 처음의 소박한 상태, 즉 세상의 잡다한 감정이 묻어있지 않은 상태로의 회귀를 꿈꾼다. 그것은 오랜 세월 동안 망망대해에서 고향의 모천으로 회귀하는 연어처럼 저자도 젊음의 시절로 다시 되돌리고 싶어지는 것이다.

젊은 날 정겨운 여인과 함께 거리를 걷고 밤이면 별빛아래서 서로 마주하던 그런 날로 되돌리고 싶음이다. 육신은 변해가도 마음은 청춘이란 말이 나올 수 있음인데 저자의 몸은 비록 지나간 젊은 날들처럼 싱싱하지는 않지만 그래도 봄이면 꽃잎 날리는 공원을 걷고 가을이면 알밤 널찌는 산간 오두막 집이라도 다정한 여인과 뜨신 방에서 함께 있었으면 좋겠다고 생각을 해 보는 것이다.

월간 한국시신인심사위원

가을에 있어 줄 사람

서주열 3시집

인쇄일_ 2012년 10월 28일
발행일_ 2012년 10월 30일

지은이_ 서주열
펴낸이_ 최경식
펴낸곳_ 도서출판 청옥문학사
디자인_ 문화마을

등록번호_ 제10-11-05호
주　소_ 부산시 금정구 명서로 94, 101-411
H　P_ 070-8828-0068, 051-517-6068

ISBN 978-89-97805-02-0
값_ 10,000원